I0007799

El Futuro de la Inteligencia Artificial:

Datos que Revolucionarán Nuestra Vida

P Solarief

PRÓLOGO

En los albores del siglo XXI, mientras atravesamos el umbral de una nueva era, nos encontramos ante un fenómeno que despierta tanto entusiasmo como inquietud en el alma de un filósofo moderno: la revolución de la inteligencia artificial. La IA, un fruto de la creatividad humana, se alza como un testamento a nuestra capacidad de modelar el futuro con la herramienta de la razón, pero también plantea preguntas profundas sobre quiénes somos y hacia dónde nos dirigimos como sociedad.

En estas páginas, me sumerjo en el vasto océano de la inteligencia artificial con una mirada crítica y una preocupación ética. Mi deseo es guiar al lector a través de este paisaje en constante cambio, donde la lógica y la moralidad a menudo se entrelazan de maneras sorprendentes. No pretendo desentrañar todos los secretos de la IA, sino más bien desencadenar una reflexión profunda sobre su impacto en nuestra humanidad.

La inteligencia artificial, o IA, se ha convertido en un sinónimo de progreso y potencial ilimitado. Desde sus raíces matemáticas hasta sus aplicaciones en nuestras vidas cotidianas, exploraremos la IA en sus múltiples facetas. Pero más allá de la tecnología, debemos considerar las implicaciones éticas que conlleva esta revolución. ¿Cómo aseguramos que la IA sea un aliado de la humanidad y no una amenaza? ¿Qué significa la responsabilidad en un mundo donde las decisiones son tomadas por algoritmos?

La ética, mi brújula en esta travesía intelectual, se convierte en un faro de luz en medio de la incertidumbre. En un mundo donde las máquinas aprenden y toman decisiones, debemos sopesar las implicaciones de nuestras acciones y decisiones. Cada avance tecnológico nos desafía a mirar más allá de la eficiencia y a considerar las consecuencias más profundas para nuestra humanidad.

Este libro no es solo una exposición de hechos y conceptos; es un llamado a la reflexión, un recordatorio de que la inteligencia artificial no es simplemente un campo científico, sino una manifestación de nuestro deseo de comprender y dar forma al mundo que nos rodea. La IA nos lleva a cuestionarnos quiénes somos, qué valores defendemos y cómo deseamos moldear el futuro.

Así que, bienvenidos a un viaje donde la filosofía moderna se encuentra con la inteligencia artificial. A través de estas páginas, exploraremos las intersecciones de la tecnología y la ética, buscando respuestas y planteando preguntas en igual medida. Mi esperanza es que este libro inspire en ti la pasión por la reflexión y el deseo de contribuir a un futuro donde la inteligencia artificial se convierta en una extensión ética de nuestra humanidad.

Prepárate para explorar el vasto terreno donde la mente y la máquina se encuentran en una danza filosófica, donde la búsqueda de respuestas es tan importante como la búsqueda de las preguntas adecuadas. Juntos, abordaremos los desafíos y las oportunidades que nos aguardan en esta nueva era de la inteligencia artificial.

"¿Somos los creadores de la inteligencia artificial o sus custodios morales?"

El Futuro de la Inteligencia Artificial

INTRODUCCIÓN A LA REVOLUCIÓN DE LA INTELIGENCIA ARTIFICIAL

En el incesante fluir de la historia humana, nos encontramos inmersos en una era fascinante y desafiante. La inteligencia artificial, una creación de nuestras propias manos y mentes, se alza como una fuerza imparable que está transformando los cimientos de nuestra sociedad. Como un filósofo moderno, mi inquietud ética se une a mi entusiasmo por explorar este fenómeno que redefine las fronteras de lo posible.

La inteligencia artificial, o IA, es una manifestación de nuestra búsqueda constante de comprender y replicar la mente humana. Este libro no es un tratado técnico ni un glosario de jerga informática; es un esfuerzo por acercarnos a la IA desde una perspectiva humana, donde la reflexión ética y el pensamiento crítico son herramientas fundamentales.

A lo largo de estas páginas, examinaremos cómo la IA ha evolucionado desde sus cimientos matemáticos hasta las aplicaciones prácticas que están cambiando nuestra realidad. Pero más allá de los algoritmos y los datos, nos sumergiremos en el corazón de las cuestiones éticas que surgen a medida que la IA se vuelve más poderosa y ubicua. ¿Cómo garantizamos que esta tecnología se utilice para el bienestar de la humanidad? ¿Qué implicaciones tiene para nuestra sociedad y nuestra identidad como seres humanos?

La ética, mi brújula en este viaje filosófico, se convierte en un faro en la era de la inteligencia artificial. En un mundo donde las máquinas pueden tomar decisiones autónomas, debemos abordar preguntas fundamentales sobre la responsabilidad y la moralidad. ¿Quién es responsable cuando una máquina comete un error? ¿Cuál es el papel de la empatía en un mundo cada vez más automatizado? Estas preguntas son intrincadas, pero no podemos eludirlas.

Este libro es un intento de abrir un diálogo accesible sobre la IA y su impacto en nuestras vidas. En lugar de respuestas definitivas, buscamos generar una conversación profunda y reflexiva sobre los desafíos y oportunidades que esta revolución conlleva. La inteligencia artificial es una realidad en constante evolución, y nuestro papel como pensadores y ciudadanos es navegar por sus aguas con sabiduría y discernimiento.

Así que, bienvenidos a un viaje donde la filosofía moderna se encuentra con la inteligencia artificial. En estas páginas, exploraremos las complejidades éticas, las implicaciones sociales y las perspectivas humanas de esta revolución. Espero que este libro inspire en ti la pasión por la reflexión y el deseo de participar en la construcción de un futuro ético en la era de la IA.

Prepárate para sumergirte en un mundo donde la mente humana y la máquina se entrelazan en un baile complejo. Juntos, exploraremos los caminos sinuosos de la inteligencia artificial con el objetivo de comprender y moldear el futuro que está emergiendo ante nosotros.

EL IMPACTO DE LA IA EN LA SOCIEDAD

En la ecuación de la existencia humana, la inteligencia artificial es el nuevo factor que altera el equilibrio. Como un filósofo moderno que contempla la ética y la lógica en igual medida, no puedo evitar sentirme intrigado por el impacto de la IA en nuestra sociedad. Es un fenómeno que promete revolucionar nuestra forma de vida, de trabajo y, en última instancia, nuestra comprensión de lo que significa ser humano.

En estas páginas, nos sumergiremos en las aguas agitadas de la inteligencia artificial y su interacción con la sociedad que la crea y utiliza. No busco hacer alarde de complejidades técnicas, sino explorar los matices y las implicaciones éticas que se esconden detrás de este avance tecnológico.

La inteligencia artificial se ha infiltrado en nuestras vidas cotidianas de maneras que a menudo pasan desapercibidas. Desde los motores de búsqueda en línea que guían nuestras consultas hasta las recomendaciones de películas que influyen en nuestros gustos, la IA está presente en nuestras decisiones diarias. Pero, ¿qué implica esta omnipresencia? ¿Cuál es el costo ético de ceder cada vez más responsabilidades a las máquinas?

La ética, mi brújula en este viaje, se convierte en un faro de luz en medio de la incertidumbre. La IA plantea preguntas profundas sobre la privacidad, la toma de decisiones autónomas y la responsabilidad en un mundo cada vez más automatizado. ¿Qué significa la autonomía en un algoritmo? ¿Cuál es la responsabilidad de quienes diseñan y controlan estas máquinas?

La inteligencia artificial también está transformando la economía y la fuerza laboral. La automatización amenaza con alterar radicalmente la forma en que trabajamos y ganamos nuestro sustento. Pero, ¿cómo garantizamos que esta transformación sea inclusiva y justa? ¿Qué lugar queda para la creatividad y la empatía en un mundo dominado por algoritmos?

Este libro es un esfuerzo por abordar estas preguntas desde una perspectiva humana y ética. No pretendemos tener todas las respuestas, pero buscamos fomentar la reflexión y el diálogo sobre el impacto de la IA en nuestra sociedad. La inteligencia artificial es una herramienta poderosa, pero su uso y su dirección son responsabilidad de la sociedad en su conjunto.

Así que, prepárate para explorar las complejidades y los dilemas que plantea la inteligencia artificial en nuestra sociedad. Juntos, navegaremos por las corrientes cambiantes de la ética y la tecnología, en busca de un equilibrio que preserve nuestra humanidad en esta nueva era.

CONTENIDO

Capítulo 1: Fundamentos de la Inteligencia Artificial

Es como si la máquina estuviera explorando su propio razonamiento, como un filósofo que busca descubrir la verdad a través de la reflexión. Pero, ¿qué implicaciones tiene este proceso? ¿Cómo aseguramos que las máquinas aprendan de manera ética?

Redes Neuronales: Imitando el Cerebro Humano

Las redes neuronales son el corazón de muchas aplicaciones de IA. Inspiradas por la estructura del cerebro humano, estas redes procesan información de manera similar a cómo lo hacemos nosotros. Pero, ¿qué significa imitar la inteligencia humana? ¿Cuál es el límite entre la imitación y la creación de algo nuevo?

La Ética en los Algoritmos

Y aquí llegamos a un punto crucial: la ética en la inteligencia artificial. Como un filósofo que cuestiona los fundamentos éticos de nuestras acciones, debemos preguntarnos sobre las decisiones que estas máquinas toman en nuestro nombre. ¿Son justas? ¿Son imparciales? ¿Quién es responsable cuando un algoritmo toma una decisión errónea?

Este capítulo marca el inicio de nuestro viaje en la comprensión de la inteligencia artificial. A medida que exploramos estos fundamentos, recordemos que no estamos simplemente desentrañando una tecnología, sino examinando cómo esta tecnología está dando forma a nuestra sociedad y nuestros valores éticos. La IA es, en última instancia, un reflejo de nuestra propia humanidad y, como tal, exige un escrutinio profundo y reflexivo.

En los siguientes capítulos, profundizaremos en las aplicaciones y los dilemas de la inteligencia artificial, pero nunca perderemos de vista estos fundamentos que sostienen esta revolución tecnológica y ética.

Qué es la inteligencia artificial

La inteligencia artificial (IA) es el brillante fruto de la fusión entre la mente humana y la tecnología de la información. En su esencia, es la manifestación de nuestro anhelo por crear máquinas capaces de pensar, aprender y tomar decisiones por sí mismas, como lo haría un ser humano, pero dotadas de una velocidad y precisión inigualables.

Este vasto campo de estudio y desarrollo se nutre de diversas disciplinas, desde la matemática y la estadística hasta la neurociencia y la lingüística. Nos sumerge en un viaje donde los algoritmos y las redes neuronales artificiales se convierten en nuestros aliados, descifrando complejos patrones en datos masivos y procesando información en un abrir y cerrar de ojos.

En el corazón de la inteligencia artificial yace el concepto de "aprendizaje automático", una técnica que permite a las máquinas aprender de la experiencia y mejorar su desempeño con cada interacción. Es como si estas creaciones tecnológicas fueran esponjas, absorbiendo conocimiento de la misma manera que nosotros lo hacemos, solo que a una velocidad vertiginosa.

El "aprendizaje profundo", una joya de la inteligencia artificial, nos muestra la maravilla de las redes neuronales artificiales. Estas estructuras son modeladas a partir de la complejidad del cerebro humano y son capaces de desentrañar enigmas que antes parecían insuperables, desde el reconocimiento de voz hasta la traducción de idiomas.

Pero la inteligencia artificial no se limita a los laboratorios de investigación; su influencia se extiende a prácticamente todos los aspectos de la vida moderna. En medicina, nos ayuda a diagnosticar enfermedades con precisión inaudita, mientras que en la industria automotriz, dirige vehículos autónomos por calles y carreteras. En el mundo empresarial, la IA revoluciona la toma de decisiones estratégicas y el servicio al cliente. Y en el arte, nos sorprende con obras generadas por algoritmos que desafían nuestra percepción de la creatividad.

Sin embargo, en medio de esta fascinante odisea tecnológica, surgen cuestionamientos éticos y sociales. La recopilación masiva de datos y la automatización plantean interrogantes sobre la privacidad y el futuro del empleo. Además, debemos ser conscientes de que los algoritmos de IA pueden heredar sesgos humanos si no se les entrena con cuidado, lo que podría perpetuar la discriminación en decisiones críticas.

La inteligencia artificial es un universo en constante expansión que nos desafía a explorar sus maravillas y afrontar sus desafíos. A medida que nos adentramos en sus profundidades, es fundamental mantener una mirada crítica y ética, garantizando que esta nueva forma de inteligencia siga siendo una aliada para la humanidad en su conjunto. En las páginas que siguen, te invito a explorar conmigo este vasto mundo de posibilidades, donde la mente humana y la máquina convergen en una sinfonía de conocimiento y creatividad.

Historia y evolución de la IA

La historia y evolución de la Inteligencia Artificial (IA) es un viaje apasionante que se remonta a los rincones más profundos de la imaginación humana y se proyecta hacia un futuro lleno de promesas y desafíos. Para comprender completamente esta odisea intelectual, debemos adentrarnos en sus raíces, en sus momentos cruciales y en las mentes visionarias que la hicieron posible.

Los cimientos de la IA se encuentran en la antigüedad, donde filósofos y matemáticos de diversas culturas soñaban con la posibilidad de crear máquinas que pudieran imitar la capacidad humana de pensar. Sin embargo, fue en el siglo XX cuando esta idea comenzó a tomar forma. Alan Turing, el genio británico que descifró el código nazi durante la Segunda Guerra Mundial, formuló la famosa "Máquina de Turing", un concepto teórico que esencialmente se convirtió en el primer modelo conceptual de una computadora programable. Esto sentó las bases para la idea de que las máquinas podrían realizar tareas lógicas.

El punto de partida oficial de la IA moderna se sitúa en el año 1956, cuando se celebró la Conferencia de Dartmouth, considerada como el "nacimiento" de la IA. Aquí, visionarios como John McCarthy y Marvin Minsky se reunieron para explorar cómo las máquinas podrían aprender y razonar. Surgieron así los primeros programas de IA, capaces de resolver problemas matemáticos y jugar ajedrez de manera rudimentaria.

La década de 1960 y 1970 vio un auge inicial de la IA, con el desarrollo de sistemas expertos, que emulaban el conocimiento humano en áreas específicas como medicina y finanzas. Sin embargo, las expectativas iniciales superaron a la tecnología disponible en ese momento, lo que llevó a un período de desilusión conocido como la "crisis de la IA".

Pero la historia de la IA es una montaña rusa intelectual, y a pesar de los desafíos, la investigación nunca se detuvo. En la década de 1980, se produjeron avances significativos en el aprendizaje automático, un campo esencial de la IA, que permitía a las máquinas aprender a través de datos y experiencia. Esto llevó al renacimiento de la IA, marcando el comienzo de un crecimiento exponencial en esta disciplina.

A medida que avanzamos en el tiempo, la IA se ha infiltrado en prácticamente todos los aspectos de la vida moderna. Los motores de búsqueda, los sistemas de recomendación en línea y los asistentes virtuales como Siri y Alexa son solo algunos ejemplos cotidianos de cómo la IA ha transformado nuestra interacción con la tecnología.

Hoy, la IA se encuentra en una encrucijada emocionante. El aprendizaje profundo, una forma de aprendizaje automático inspirada en las redes neuronales del cerebro humano, ha permitido avances notables en el procesamiento del lenguaje natural, la visión por computadora y la toma de decisiones.

Estamos en el umbral de logros revolucionarios, como los automóviles autónomos, la medicina personalizada y la inteligencia artificial generalizada, que podría rivalizar con la inteligencia humana.

Sin embargo, no todo es un camino sin obstáculos. La ética y la responsabilidad son temas cruciales, ya que debemos asegurarnos de que la IA se utilice de manera justa y transparente, sin perpetuar sesgos o amenazar la privacidad.

Así que, querido lector, invito a adentrarnos en esta apasionante historia de la IA, llena de triunfos, desafíos y la promesa de un futuro donde nuestras creaciones tecnológicas caminen junto a nosotros, desafiando y ampliando constantemente los límites de lo posible. A medida que avanzamos en estas páginas, descubriremos cómo la inteligencia artificial ha evolucionado y seguirá haciéndolo, transformando nuestra realidad en formas que solo podemos comenzar a imaginar.

Tipos de IA: desde la IA estrecha hasta la IA general

En el vasto panorama de la Inteligencia Artificial (IA), se despliega un intrigante espectro que abarca desde la IA más limitada y específica hasta la IA más ambiciosa y versátil. A medida que navegamos por este universo fascinante, descubriremos los diversos tipos de IA que dan forma a nuestro presente y que vislumbran el futuro de la tecnología y la inteligencia.

Empecemos nuestro viaje con la "IA estrecha", un tipo de IA que ha demostrado su valía en tareas muy específicas. Puede considerarse como un especialista altamente entrenado en un dominio particular. Imagine, por un momento, un sistema capaz de diagnosticar enfermedades oftalmológicas a partir de imágenes de retina con una precisión asombrosa. Este es un ejemplo de IA estrecha en acción. Su enfoque es agudo y su habilidad sobresaliente, pero sus capacidades están limitadas a la tarea para la que ha sido diseñada.

A medida que avanzamos en nuestro recorrido, llegamos a la "IA amplia", un punto intermedio entre la IA estrecha y la IA general. La IA amplia puede aplicarse en múltiples dominios, lo que la hace más versátil que su contraparte estrecha. Imagínese una IA que pueda traducir texto en varios idiomas, realizar análisis de datos y jugar juegos de estrategia con competencia impresionante. Aunque no alcanza la profundidad cognitiva de la IA general, su capacidad para adaptarse a diversas tareas la convierte en una herramienta valiosa en un mundo cada vez más interconectado y complejo.

Sin embargo, la joya de la corona en el reino de la IA es la "IA general" o "AGI" (Inteligencia Artificial General). Aquí es donde la verdadera magia yace. La AGI es una aspiración hacia la creación de una inteligencia artificial que sea tan versátil y adaptable como la mente humana. Imagínese una máquina que no solo pueda resolver problemas matemáticos o analizar datos, sino que también pueda comprender el lenguaje natural, aprender de la experiencia y adaptarse a contextos en constante cambio. La AGI representa un desafío monumental, ya que implica no solo el procesamiento de datos a gran escala, sino también la comprensión profunda de la cognición humana y el razonamiento abstracto.

A medida que exploramos estos tipos de IA, se nos presenta un paisaje diverso y en constante evolución. Cada tipo tiene su propio conjunto de aplicaciones y desafíos, y todos ellos desempeñan un papel crucial en la creciente influencia de la IA en nuestra sociedad y en nuestra vida cotidiana.

Capítulo 2: Aplicaciones Actuales de la IA

En este segundo capítulo de nuestro viaje a través del vasto mundo de la Inteligencia Artificial, nos sumergiremos en las aplicaciones contemporáneas que están redefiniendo la forma en que vivimos, trabajamos y nos relacionamos con la tecnología. La IA, una vez una promesa lejana, se ha convertido en una realidad omnipresente, y su influencia en diversas esferas de nuestra vida cotidiana es innegable.

Desde la atención médica hasta la conducción autónoma, la IA ha demostrado ser una herramienta versátil y poderosa, capaz de superar los límites de la inteligencia humana en tareas específicas. A lo largo de este capítulo, exploraremos ejemplos impactantes de cómo la IA está transformando nuestra sociedad y economía.

Por ejemplo, en el campo de la salud, la IA se ha convertido en un aliado invaluable para médicos y pacientes. Algoritmos de IA pueden analizar imágenes médicas con una precisión impresionante, detectando anomalías en radiografías y tomografías que podrían pasar desapercibidas para el ojo humano. Además, la IA ha avanzado en el diagnóstico temprano de enfermedades, incluyendo el cáncer, y ha permitido la personalización de tratamientos médicos en función de la información genética de cada paciente.

En el sector financiero, la IA está desempeñando un papel crucial en la toma de decisiones y la gestión de riesgos. Los algoritmos de IA pueden analizar grandes volúmenes de datos en tiempo real, identificando patrones y tendencias que son esenciales para la toma de decisiones de inversión. Esto no solo ha mejorado la eficiencia en los mercados financieros, sino que también ha llevado a una mayor seguridad en las transacciones.

El entretenimiento y la comunicación también se han visto profundamente afectados por la IA. Los asistentes virtuales como Siri y Alexa han transformado la forma en que interactuamos con nuestros dispositivos, permitiéndonos realizar tareas con comandos de voz simples. Además, la IA se utiliza en la creación de contenidos, desde la recomendación de películas y música hasta la generación de arte y literatura.

Estos son solo algunos ejemplos de cómo la IA está impactando nuestras vidas en la actualidad. En las páginas que siguen, exploraremos en detalle cada uno de estos campos y más, sumergiéndonos en las aplicaciones actuales de la IA y descubriendo cómo esta tecnología continúa evolucionando y moldeando nuestro mundo de maneras que hace solo unas décadas parecían inimaginables. Acompáñenos en este fascinante recorrido por las aplicaciones actuales de la Inteligencia Artificial, donde la ciencia y la innovación se entrelazan para dar forma a nuestro presente y futuro.

La IA en la atención médica

La convergencia de la Inteligencia Artificial (IA) y la atención médica es un hito destacado en la intersección entre la ciencia y la tecnología. En este capítulo, exploraremos cómo la IA se ha arraigado profundamente en el ámbito de la salud, transformando radicalmente la forma en que diagnosticamos, tratamos y gestionamos la salud de las personas.

Para comprender el impacto de la IA en la atención médica, debemos comenzar por su papel en la interpretación de imágenes médicas. Los algoritmos de IA son capaces de analizar radiografías, tomografías computarizadas y resonancias magnéticas con una precisión sorprendente. Esto significa una detección temprana y más precisa de afecciones que van desde tumores hasta fracturas, allanando el camino para tratamientos más efectivos y, en última instancia, para salvar vidas.

Sin embargo, la IA no se limita a la interpretación de imágenes. Su capacidad para analizar grandes conjuntos de datos genéticos y clínicos ha dado lugar a la medicina personalizada. La IA puede identificar marcadores genéticos que predisponen a enfermedades, permitiendo tratamientos preventivos y personalizados. Esto no solo mejora la atención, sino que también promete un futuro donde las enfermedades se prevengan antes de que se manifiesten.

La telemedicina también se ha beneficiado enormemente de la IA. Chatbots y asistentes virtuales de salud pueden ofrecer orientación y realizar triaje de pacientes, lo que reduce la carga sobre los profesionales de la salud y garantiza una atención inmediata a quienes la necesitan. Durante la pandemia de COVID-19, estos sistemas se han convertido en aliados vitales.

Además, la IA ha transformado la gestión de datos médicos. Los sistemas de registro electrónico de salud impulsados por la IA pueden analizar registros médicos, identificar patrones y ayudar a los médicos en la toma de decisiones. Esto no solo mejora la eficiencia, sino que también reduce errores médicos costosos.

Mientras exploramos estas maravillosas aplicaciones de la IA en la atención médica, debemos plantearnos preguntas cruciales sobre la ética. ¿Cómo protegemos la privacidad de los datos de los pacientes? ¿Cómo aseguramos la transparencia y la equidad en el uso de la IA en la salud? ¿Cómo equilibramos la eficiencia y la precisión de la IA con la atención personalizada que los pacientes merecen?

La IA en la atención médica es un testimonio de cómo la ciencia y la tecnología pueden mejorar la vida humana, pero también un recordatorio de la necesidad de abordar cuidadosamente las cuestiones éticas y sociales que surgen en este emocionante camino hacia el futuro de la medicina.

Automatización industrial y robótica

La confluencia de la automatización industrial y la robótica es un capítulo fascinante en la evolución de la tecnología y la transformación de la producción y la manufactura. En estas páginas, exploraremos en profundidad cómo estas dos disciplinas están remodelando la forma en que producimos bienes y cómo esta revolución plantea preguntas importantes sobre el futuro de la industria y la ética tecnológica.

Automatización Industrial: La automatización industrial representa la aplicación de tecnología para realizar tareas y procesos en la producción sin intervención humana directa. Hoy, las líneas de ensamblaje de fábricas en todo el mundo son un testimonio de cómo la automatización ha mejorado la eficiencia, la calidad y la consistencia en la manufactura. Robots industriales altamente especializados realizan tareas que van desde soldar piezas hasta ensamblar productos electrónicos con una precisión asombrosa. La velocidad y la precisión de estas máquinas han redefinido la producción moderna, pero también han planteado interrogantes sobre el futuro de los empleos en la manufactura.

Robótica: La robótica es la disciplina que se centra en la creación y el desarrollo de robots, máquinas que pueden llevar a cabo tareas de manera autónoma o semiautónoma. Desde los robots quirúrgicos que asisten a cirujanos en intervenciones complejas hasta los vehículos autónomos en almacenes y fábricas, los robots están desempeñando un papel cada vez más importante en múltiples industrias. Estas máquinas pueden realizar tareas peligrosas o repetitivas, liberando a los seres humanos para actividades más creativas y estratégicas.

A medida que exploramos la automatización industrial y la robótica, debemos reflexionar sobre las preguntas éticas que surgen. ¿Cómo aseguramos que la automatización no deje a los trabajadores atrás y que se desarrollen programas de reciclaje y capacitación adecuados? ¿Cómo gestionamos la responsabilidad cuando los robots toman decisiones autónomas en entornos industriales o médicos? ¿Cuál es el equilibrio entre la eficiencia impulsada por la tecnología y la consideración humana en un mundo cada vez más automatizado?

En un panorama en constante evolución, es esencial que exploremos estas preguntas para garantizar que la automatización industrial y la robótica se utilicen de manera ética y beneficiosa para la sociedad. La automatización y la robótica tienen el potencial de mejorar nuestras vidas de innumerables maneras, pero también plantean desafíos cruciales que debemos abordar a medida que avanzamos hacia un futuro donde la tecnología y la humanidad colisionan en la industria.

IA en la atención al cliente y el comercio electrónico

La Inteligencia Artificial (IA) ha transformado de manera significativa la dinámica entre las empresas y sus clientes en la era del comercio electrónico. En este capítulo, nos adentraremos en cómo la IA ha redefinido la atención al cliente y ha revolucionado la forma en que compramos y vendemos en línea.

Atención al Cliente: La IA ha llevado la atención al cliente a un nuevo nivel de eficiencia y personalización. Chatbots y asistentes virtuales, impulsados por algoritmos de procesamiento de lenguaje natural, pueden responder a preguntas de los clientes las 24 horas del día, los 7 días de la semana. Estos sistemas pueden ofrecer asesoramiento, solucionar problemas y procesar pedidos de manera rápida y efectiva, mejorando la experiencia del cliente y liberando a los agentes humanos para atender casos más complejos. Sin embargo, esto plantea preguntas sobre la deshumanización de la interacción cliente-empresa y cómo mantener un equilibrio entre la eficiencia y la empatía.

Personalización y Recomendación: La IA también ha revolucionado la forma en que compramos en línea. Los algoritmos de recomendación, basados en el análisis de datos de comportamiento del usuario, pueden ofrecer productos y contenido personalizados. Estos sistemas son responsables de las sugerencias de productos en plataformas de comercio electrónico como Amazon y las listas de reproducción personalizadas en servicios de transmisión de música. Sin embargo, ¿hasta dónde llega la personalización antes de convertirse en una intrusión en la privacidad del consumidor? ¿Cómo aseguramos que los algoritmos no perpetúen sesgos o filtros de burbuja?

Ética y Privacidad: A medida que la IA se integra más profundamente en el comercio electrónico, debemos plantearnos cuestiones éticas fundamentales. ¿Cómo protegemos la privacidad de los datos de los clientes en un mundo impulsado por la personalización y la recopilación de datos? ¿Cuál es la responsabilidad de las empresas en el uso ético de la IA en la interacción con los clientes? ¿Cómo garantizamos la transparencia en los algoritmos de recomendación y la equidad en la experiencia del usuario?

Estas cuestiones éticas y muchas otras acompañan el avance de la IA en la atención al cliente y el comercio electrónico. A medida que exploramos estos desarrollos fascinantes, es esencial que reflexionemos sobre cómo la tecnología está moldeando nuestra relación con las empresas y cómo podemos asegurarnos de que la IA se utilice de manera ética y beneficiosa tanto para las empresas como para los consumidores. El camino hacia la intersección de la IA y el comercio electrónico es apasionante, pero también desafiante, y es nuestro deber abordarlo con sabiduría y responsabilidad.

Capítulo 3: La IA y la Industria

La Inteligencia Artificial (IA) ha irrumpido con fuerza en el corazón de la industria, desencadenando una revolución tecnológica que está transformando radicalmente la forma en que producimos bienes y servicios. En estas páginas, exploraremos la profunda interacción entre la IA y la industria, descubriendo cómo esta simbiosis está dando forma a un futuro que apenas podemos imaginar.

Automatización Industrial: Uno de los avances más notables es la automatización industrial impulsada por la IA. Las fábricas y plantas de producción están adoptando robots y sistemas de control autónomos que no solo mejoran la eficiencia, sino que también permiten una mayor flexibilidad en la producción. Esto plantea preguntas cruciales sobre el futuro del empleo y cómo aseguramos que los trabajadores se beneficien de esta transformación.

Optimización de la Cadena de Suministro: La IA también está optimizando la cadena de suministro. Algoritmos avanzados pueden prever la demanda, gestionar inventarios de manera eficiente y rastrear la logística en tiempo real. Esto no solo reduce costos, sino que también reduce el desperdicio y mejora la sostenibilidad.

Diseño y Desarrollo de Productos: La IA ha ampliado las

fronteras del diseño y desarrollo de productos. Los algoritmos de generación de diseño pueden crear modelos de productos que desafían las limitaciones humanas, y la simulación de productos basada en IA permite probar y mejorar productos antes de que se produzcan físicamente.

Personalización y Experiencia del Cliente: En la industria, la IA está impulsando la personalización de productos y la mejora de la experiencia del cliente. Los sistemas de recomendación y personalización se utilizan en línea y fuera de línea para adaptar los productos y servicios a las necesidades y preferencias individuales de los consumidores.

Ética y Sostenibilidad: A medida que la IA se integra más profundamente en la industria, las cuestiones éticas y de sostenibilidad cobran importancia. ¿Cómo aseguramos que la IA se utilice de manera ética en la toma de decisiones industriales? ¿Cómo contribuye la IA a la sostenibilidad y la reducción del impacto ambiental?

Estas son solo algunas de las cuestiones que debemos abordar mientras exploramos el poderoso matrimonio entre la IA y la industria. En el centro de esta revolución tecnológica, debemos preguntarnos cómo garantizar que la IA beneficie a la sociedad en su conjunto, equilibrando la eficiencia con la ética y la sostenibilidad. El futuro de la industria está intrincadamente ligado a la IA, y es nuestra responsabilidad asegurar que ese futuro sea prometedor y equitativo.

Transformación digital y la IA en los negocios

La transformación digital y la Inteligencia Artificial (IA) están remodelando fundamentalmente la forma en que las empresas operan y se relacionan con sus clientes, empleados y socios. Veamos cómo estas dos fuerzas están dando forma al mundo de los negocios en la era moderna:

Transformación Digital:

La transformación digital es un proceso que involucra la adopción y la integración de tecnologías digitales avanzadas en todos los aspectos de una empresa. Esto incluye la automatización de procesos, la digitalización de datos y la implementación de soluciones tecnológicas innovadoras. La transformación digital busca mejorar la eficiencia operativa, aumentar la agilidad empresarial y crear nuevas oportunidades de negocio.

IA como Impulsor de la Transformación:

La IA desempeña un papel fundamental en la transformación digital al permitir a las empresas aprovechar el poder de los datos de una manera más significativa. Los algoritmos de aprendizaje automático pueden analizar grandes volúmenes de datos y extraer información valiosa para la toma de decisiones empresariales. Esto se traduce en la capacidad de predecir tendencias, anticipar las necesidades del cliente y personalizar las ofertas de productos y servicios.

Automatización de Procesos:

La IA se utiliza ampliamente para automatizar procesos empresariales. Tareas rutinarias y repetitivas, como la entrada de datos, pueden ser realizadas de manera más eficiente por sistemas automatizados. Esto libera a los empleados para enfocarse en tareas más estratégicas y creativas.

Mejora de la Experiencia del Cliente:

La IA mejora la experiencia del cliente al ofrecer respuestas más rápidas y precisas a las preguntas y necesidades de los clientes. Los chatbots y asistentes virtuales están disponibles las 24 horas del día, los 7 días de la semana, lo que permite una atención al cliente más ágil. Además, los sistemas de recomendación personalizada aumentan la satisfacción del cliente al ofrecer productos y servicios que se ajustan a sus preferencias individuales.

Retos Éticos y de Privacidad:

La adopción de la IA plantea desafíos éticos y de privacidad. Las empresas deben garantizar que los datos de los clientes se manejen de manera segura y se utilicen de manera ética. También es importante abordar la responsabilidad en caso de decisiones automatizadas que puedan afectar a los individuos.

Innovación y Competitividad:

La transformación digital con IA permite a las empresas innovar más rápidamente y mantenerse competitivas en un mercado en constante cambio. Aquellas que pueden adaptarse y adoptar nuevas tecnologías están mejor posicionadas para prosperar en la economía digital.

Casos de estudio de empresas que utilizan la IA

La implementación exitosa de la Inteligencia Artificial (IA) en empresas se ha convertido en un punto focal en el mundo empresarial. Aquí tienes algunos casos de estudio de empresas destacadas que han adoptado la IA de manera innovadora:

1. Amazon:

Amazon utiliza IA en su plataforma para mejorar la experiencia del cliente. Su sistema de recomendación personalizada utiliza algoritmos de IA para ofrecer a los clientes productos relacionados con sus compras anteriores, lo que aumenta significativamente las ventas. Además, Amazon ha integrado robots impulsados por IA en sus almacenes para agilizar la logística y el procesamiento de pedidos.

2. IBM:

IBM es un líder en el campo de la IA y la computación cognitiva. Su sistema de IA, Watson, ha sido utilizado en diversos sectores, desde la atención médica hasta la gestión de recursos humanos. Watson ha demostrado ser especialmente valioso en la interpretación y el análisis de datos complejos.

3. Tesla:

Tesla utiliza la IA para mejorar sus vehículos eléctricos autónomos. Su sistema de asistencia al conductor, Autopilot, utiliza la IA para ayudar en la conducción, incluyendo la capacidad de cambio de carril y la navegación automática en carreteras. Tesla está trabajando en el desarrollo de vehículos completamente autónomos, lo que requerirá un alto grado de IA.

4. Google:

Google es pionero en el uso de la IA en sus productos y servicios. El motor de búsqueda de Google utiliza IA para refinar sus resultados y proporcionar respuestas más precisas a las consultas de los usuarios. Google Fotos utiliza IA para etiquetar y organizar automáticamente las fotos de los usuarios. Además, Google está investigando la IA en campos como la atención médica y la energía renovable.

5. Alibaba:

Alibaba, el gigante chino del comercio electrónico, utiliza la IA para personalizar las recomendaciones de productos para los clientes y mejorar la eficiencia logística. Además, Alibaba ha desarrollado una IA capaz de superar a los humanos en la prueba de comprensión de lectura de Stanford.

6. Facebook:

Facebook utiliza IA para analizar y moderar el contenido publicado en su plataforma. La IA identifica contenido inapropiado y ayuda a mantener un entorno en línea seguro para los usuarios. También utiliza IA para mejorar la segmentación de anuncios y la relevancia del contenido en el News Feed.

Estos son solo algunos ejemplos de cómo las empresas están utilizando la IA para impulsar la innovación, mejorar la eficiencia y ofrecer mejores experiencias a sus clientes. La adopción de la IA sigue siendo una tendencia importante en el mundo empresarial, y su impacto continuará siendo profundo en diversos sectores y áreas de negocio.

Desafíos éticos y regulatorios en la adopción de la IA

La adopción acelerada de la Inteligencia Artificial (IA) en diversas industrias ha suscitado una serie de desafíos éticos y regulatorios que requieren atención y resolución. Aquí, exploramos algunos de estos desafíos y las implicaciones que tienen en nuestra sociedad:

1. Privacidad de Datos:

Desafío: La IA depende de grandes cantidades de datos para su entrenamiento y funcionamiento eficaz, lo que plantea preocupaciones sobre la privacidad de los datos personales.

Implicaciones: La regulación adecuada debe garantizar la protección de los datos personales y la transparencia en la forma en que se utilizan.

2. Sesgos y Discriminación:

Desafío: Los algoritmos de IA pueden heredar prejuicios presentes en los datos con los que son entrenados, lo que puede resultar en decisiones discriminatorias.

Implicaciones: Es esencial auditar y mitigar los sesgos en los algoritmos, así como diversificar las fuentes de datos para evitar discriminaciones injustas.

3. Responsabilidad y Transparencia:

Desafío: Determinar quién es responsable cuando la IA toma decisiones erróneas o dañinas puede ser complicado, especialmente en sistemas autónomos.

Implicaciones: La claridad en la responsabilidad legal y ética, junto con la transparencia en los procesos de toma de decisiones de la IA, es fundamental.

4. Cambio en la Fuerza Laboral:

Desafío: La automatización impulsada por la IA puede cambiar la naturaleza de los empleos y requerir habilidades diferentes en el mercado laboral.

Implicaciones: Se necesita una inversión en programas de capacitación y reciclaje para ayudar a los trabajadores a adaptarse a las nuevas demandas laborales.

5. Seguridad Cibernética:

Desafío: La IA puede ser utilizada por actores maliciosos para llevar a cabo ataques cibernéticos más sofisticados.

Implicaciones: La ciberseguridad debe evolucionar y aprovechar la IA para identificar y prevenir amenazas. Las regulaciones deben fortalecer la protección de la infraestructura crítica.

6. Normativas y Estándares:

Desafío: La falta de normativas y estándares coherentes puede dificultar la adopción ética y segura de la IA.

Implicaciones: La colaboración entre gobiernos y la industria es esencial para establecer regulaciones y estándares que fomenten una adopción responsable de la IA.

7. Impacto Social y Económico:

Desafío: La IA puede tener un impacto significativo en la economía y la sociedad, lo que plantea preguntas sobre la distribución de beneficios y la equidad.

Implicaciones: La atención a estas cuestiones desde una perspectiva política y económica es crucial, priorizando la equidad y la inclusión en la adopción de la IA.

Estos desafíos éticos y regulatorios son inherentes a la rápida evolución de la IA y deben ser abordados con diligencia y responsabilidad. El equilibrio entre la innovación tecnológica y la protección de valores fundamentales es esencial para el futuro de la IA en nuestra sociedad.

La adopción acelerada de la Inteligencia Artificial (IA) en diversas industrias ha suscitado una serie de desafíos éticos y regulatorios que requieren atención y resolución. Aquí, exploramos algunos de estos desafíos y las implicaciones que tienen en nuestra sociedad:

1. Privacidad de Datos:

Desafío: La IA depende de grandes cantidades de datos para su entrenamiento y funcionamiento eficaz, lo que plantea preocupaciones sobre la privacidad de los datos personales.

Implicaciones: La regulación adecuada debe garantizar la protección de los datos personales y la transparencia en la forma en que se utilizan.

2. Sesgos y Discriminación:

Desafío: Los algoritmos de IA pueden heredar prejuicios presentes en los datos con los que son entrenados, lo que puede resultar en decisiones discriminatorias.

Implicaciones: Es esencial auditar y mitigar los sesgos en los algoritmos, así como diversificar las fuentes de datos para evitar discriminaciones injustas.

3. Responsabilidad y Transparencia:

Desafío: Determinar quién es responsable cuando la IA toma decisiones erróneas o dañinas puede ser complicado, especialmente en sistemas autónomos.

Implicaciones: La claridad en la responsabilidad legal y ética, junto con la transparencia en los procesos de toma de decisiones de la IA, es fundamental.

4. Cambio en la Fuerza Laboral:

Desafío: La automatización impulsada por la IA puede cambiar la naturaleza de los empleos y requerir habilidades diferentes en el mercado laboral.

Implicaciones: Se necesita una inversión en programas de capacitación y reciclaje para ayudar a los trabajadores a adaptarse a las nuevas demandas laborales.

5. Seguridad Cibernética:

Desafío: La IA puede ser utilizada por actores maliciosos para llevar a cabo ataques cibernéticos más sofisticados.

Implicaciones: La ciberseguridad debe evolucionar y aprovechar la IA para identificar y prevenir amenazas. Las regulaciones deben fortalecer la protección de la infraestructura crítica.

6. Normativas y Estándares:

Desafío: La falta de normativas y estándares coherentes puede dificultar la adopción ética y segura de la IA.

Implicaciones: La colaboración entre gobiernos y la industria es esencial para establecer regulaciones y estándares que fomenten una adopción responsable de la IA.

7. Impacto Social y Económico:

Desafío: La IA puede tener un impacto significativo en la

economía y la sociedad, lo que plantea preguntas sobre la distribución de beneficios y la equidad.

Implicaciones: La atención a estas cuestiones desde una perspectiva política y económica es crucial, priorizando la equidad y la inclusión en la adopción de la IA.

Estos desafíos éticos y regulatorios son inherentes a la rápida evolución de la IA y deben ser abordados con diligencia y responsabilidad. El equilibrio entre la innovación tecnológica y la protección de valores fundamentales es esencial para el futuro de la IA en nuestra sociedad.

El desafío fundamental en la adopción de la Inteligencia Artificial (IA) radica en equilibrar la innovación tecnológica con la protección de valores éticos y sociales. Esto implica superar obstáculos como la privacidad de datos, la corrección de sesgos, la definición de responsabilidad, la adaptación laboral, la ciberseguridad, la creación de normativas coherentes y la promoción de la equidad en el impacto económico y social. El cierre exitoso de este capítulo requiere un enfoque multidisciplinario, colaboración y un compromiso continuo para garantizar que la IA beneficie a la sociedad en su conjunto.

Capítulo 4: El Papel de los Datos en la IA

La Inteligencia Artificial (IA) es, en gran medida, un producto de los datos. La capacidad de las máquinas para aprender y tomar decisiones inteligentes se basa en la información que se les proporciona. En este capítulo, exploraremos la importancia fundamental de los datos en la IA, desde cómo se recopilan y se utilizan hasta los desafíos éticos y prácticos que plantean. Además, analizaremos cómo los datos de alta calidad son la piedra angular de los avances futuros en el campo de la IA. A lo largo de estas páginas, desentrañaremos el tejido que conecta los datos y la IA, revelando cómo esta relación está transformando industrias enteras y moldeando nuestro mundo de maneras que solo están comenzando a revelarse. B

ienvenidos a un viaje en el que los datos son los protagonistas y la IA es la coestrella que da vida a la información.

El valor de los datos en la IA

Los datos desempeñan un papel fundamental en la Inteligencia Artificial (IA), y su valor no puede subestimarse. Son el combustible que impulsa el aprendizaje y la toma de decisiones de las máquinas, lo que permite a la IA realizar tareas que antes eran exclusivas de los seres humanos. Aquí, exploraremos en profundidad el valor de los datos en la IA y cómo este recurso se ha convertido en un activo estratégico para empresas y organizaciones en la era digital.

En primer lugar, los datos son esenciales para entrenar modelos de IA. Cuando se inicia un proyecto de IA, se necesita una gran cantidad de datos etiquetados y estructurados que sirvan como ejemplos para que la máquina aprenda patrones y relaciones. Cuantos más datos de alta calidad se tengan, mejor será el rendimiento del modelo. Por ejemplo, en la visión por computadora, se requieren miles o incluso millones de imágenes etiquetadas para entrenar a un algoritmo de reconocimiento de objetos.

Además del entrenamiento, los datos también son cruciales para el funcionamiento en tiempo real de los sistemas de IA. A medida que la IA se despliega en aplicaciones del mundo real, como chatbots, sistemas de recomendación y vehículos autónomos, depende de la información actualizada para tomar decisiones precisas. Los datos en tiempo real, como datos meteorológicos, datos de sensores o datos de usuarios, permiten que la IA se adapte y responda a situaciones cambiantes.

El valor de los datos en la IA se extiende más allá de la mejora de la eficiencia operativa. Los datos pueden proporcionar información estratégica que impulsa la toma de decisiones empresariales. Los análisis de datos avanzados, habilitados por la IA, pueden revelar patrones de comportamiento del cliente, tendencias del mercado y oportunidades de crecimiento que de otro modo podrían pasar desapercibidas.

Sin embargo, el valor de los datos en la IA no está exento de desafíos. La recopilación y el almacenamiento de grandes cantidades de datos plantean preocupaciones sobre la privacidad y la seguridad. Además, garantizar la calidad y la integridad de los datos es esencial para evitar que los sesgos y las inexactitudes se reflejen en los modelos de IA.

Para profundizar en lo que sucede cuando los datos son de baja calidad o de alta calidad.

Datos de baja calidad: Cuando los datos de entrada son incorrectos, incompletos o sesgados, pueden tener un impacto significativo en la calidad de los resultados de la IA. Por ejemplo, en un sistema de reconocimiento de voz, si los datos de entrenamiento contienen acentos y dialectos limitados, el modelo puede tener dificultades para comprender y responder a las voces de personas con acentos diferentes. Del mismo modo, si los datos de entrenamiento de un algoritmo de recomendación están sesgados hacia ciertos tipos de productos o intereses, el sistema puede hacer recomendaciones inadecuadas para algunos usuarios.

Datos de alta calidad: Por otro lado, los datos de alta calidad son esenciales para el éxito de la IA. Cuando los datos son precisos, completos y representativos de la diversidad de situaciones que la IA enfrentará en el mundo real, los modelos tienen más probabilidades de tomar decisiones precisas y útiles. Por ejemplo, en la medicina, un sistema de diagnóstico asistido por IA que se entrena con datos clínicos precisos y detallados puede ayudar a los médicos a identificar enfermedades de manera más efectiva.

Como ejemplos que ilustran los efectos de los datos de baja calidad y alta calidad en aplicaciones de IA:

Datos de baja calidad:

Traducción automática con datos sesgados: Si un sistema de traducción automática se entrena principalmente con textos en un solo idioma o género, puede tener dificultades para traducir con precisión cuando se le presentan textos de diferentes idiomas o géneros. Esto puede llevar a traducciones inexactas y malentendidos.

Reconocimiento facial sesgado: Si un sistema de reconocimiento facial se entrena principalmente con imágenes de personas de un grupo demográfico específico, como personas de tez clara, puede tener dificultades para reconocer con precisión a personas de otros grupos demográficos, lo que resulta en un sesgo racial o étnico.

Datos de alta calidad:

Diagnóstico médico preciso: Un sistema de diagnóstico médico asistido por IA que se entrena con una gran cantidad de datos clínicos precisos y representativos puede ayudar a los médicos a identificar enfermedades de manera más precisa. Por ejemplo, puede detectar signos tempranos de enfermedades cardíacas en una variedad de pacientes.

Recomendaciones de contenido personalizadas: Un algoritmo de recomendación de contenido de alta calidad, como el utilizado por las plataformas de transmisión de video, analiza una amplia gama de datos sobre el comportamiento del usuario y sus preferencias para ofrecer recomendaciones precisas y personalizadas, lo que aumenta la satisfacción del usuario.

Recopilación y gestión de datos

La recopilación y gestión de datos son aspectos críticos en la implementación exitosa de proyectos de Inteligencia Artificial (IA). Estos procesos son esenciales para garantizar que los datos utilizados en la IA sean de alta calidad, relevantes y estén disponibles cuando se necesiten. Aquí, exploraremos la importancia de la recopilación y gestión de datos en el contexto de la IA:

Recopilación de datos:

La recopilación de datos implica la adquisición de información que se utilizará para entrenar y operar modelos de IA. Esta información puede provenir de diversas fuentes, como:

Sensores y dispositivos: Los sensores en dispositivos como teléfonos inteligentes, cámaras, medidores, vehículos autónomos y dispositivos IoT generan grandes cantidades de datos que pueden ser valiosos para la IA.

Fuentes en línea: La web y las redes sociales proporcionan datos textuales y multimedia que pueden ser útiles para la IA, desde análisis de sentimientos hasta detección de tendencias.

Bases de datos empresariales: Las organizaciones recopilan datos operativos y transaccionales que pueden utilizarse para mejorar la eficiencia y la toma de decisiones a través de la IA.

Datos etiquetados: La recopilación de datos etiquetados es fundamental para el entrenamiento supervisado de modelos de IA. Por ejemplo, imágenes con etiquetas para entrenar algoritmos de visión por computadora.

Gestión de datos:

La gestión de datos implica organizar, almacenar y mantener los datos de manera eficiente y segura. Esto incluye:

Almacenamiento: Determinar la infraestructura y la tecnología adecuadas para almacenar grandes volúmenes de datos. Esto puede incluir bases de datos, sistemas de almacenamiento en la nube y sistemas de archivos distribuidos.

Calidad de datos: Garantizar que los datos sean precisos, actualizados y relevantes. La limpieza de datos, la normalización y la eliminación de duplicados son tareas comunes en la gestión de datos.

Seguridad: Implementar medidas de seguridad para proteger los datos, especialmente cuando se trata de datos sensibles o personales.

Acceso y disponibilidad: Asegurar que los datos estén disponibles cuando se necesiten para entrenar modelos o para su uso en aplicaciones en tiempo real.

La gestión eficaz de datos es esencial para evitar problemas como la contaminación de datos, el sesgo y la falta de acceso oportuno a la información. Además, es un componente crucial en la conformidad con regulaciones de privacidad de datos, como el Reglamento General de Protección de Datos (GDPR) de la Unión Europea.

Privacidad y seguridad de los datos

La privacidad y seguridad de los datos son aspectos críticos y, al mismo tiempo, éticos en la era de la Inteligencia Artificial (IA). Proteger la información personal y empresarial es esencial para garantizar que la IA beneficie a la sociedad sin comprometer la integridad de los individuos o las organizaciones. A continuación, se presentan consideraciones originales sobre la privacidad y seguridad de los datos:

Privacidad de Datos:

Autonomía Individual: La privacidad de datos es fundamental para preservar la autonomía individual. Las personas deben tener el control sobre la información que comparten y cómo se utiliza, incluso en un mundo cada vez más impulsado por la IA.

Consentimiento Informado: La ética dicta que las empresas deben obtener el consentimiento informado de los usuarios antes de recopilar y utilizar sus datos. Esto significa explicar claramente qué datos se recopilan y con qué fines se utilizarán.

Anonimización Efectiva: La anonimización de datos, que implica eliminar cualquier información que pueda identificar a una persona, debe ser una prioridad. Sin embargo, la IA avanza rápidamente en la reidentificación de datos, lo que requiere una atención continua a la privacidad.

Seguridad de Datos:

Ciberseguridad Proactiva: La seguridad de datos es esencial para proteger la información de amenazas cibernéticas. Las organizaciones deben tomar un enfoque proactivo para identificar y mitigar vulnerabilidades.

Algoritmos Resistentes a Ataques: Los algoritmos de IA deben ser diseñados para resistir ataques adversarios. Esto es especialmente importante en aplicaciones críticas, como vehículos autónomos o sistemas de salud.

Transparencia en la Recopilación: Las organizaciones deben ser transparentes acerca de sus prácticas de recopilación de datos y cómo garantizan la seguridad. Esto genera confianza entre los usuarios y los clientes.

Ética en la Gestión de Datos: La ética es fundamental en la gestión de datos. Las empresas deben evitar la discriminación y el uso indebido de la información, y deben considerar cómo sus acciones impactan en la sociedad en general.

El Caso Cambridge Analytica: Una Historia de Privacidad y Ética en la Era de las Redes Sociales

Había una vez una plataforma de redes sociales llamada Facebook que conectaba a miles de millones de personas en todo el mundo. Sin embargo, esta historia no trata solo sobre las conexiones sociales, sino también sobre la recopilación de datos y la ética en la era digital.

En un momento, una empresa de análisis de datos llamada Cambridge Analytica entró en escena. Decidieron utilizar la vasta cantidad de datos personales disponibles en Facebook para sus propios fines, sin el conocimiento ni el consentimiento de los usuarios. Para hacerlo, crearon una aplicación de encuestas llamada "thisisyourdigitallife", que recopiló datos personales no solo de los usuarios que la usaron, sino también de sus amigos, creando así una red masiva de información personal.

Lo que hizo Cambridge Analytica con estos datos es lo que hizo que esta historia se volviera tan polémica. Utilizaron estos datos para crear perfiles psicográficos altamente detallados de los usuarios de Facebook. Estos perfiles se utilizaron para dirigir mensajes políticos específicos durante la campaña presidencial de Estados Unidos en 2016. La preocupación no era solo el uso de datos con fines publicitarios, sino la influencia que esto podría tener en la opinión pública y en los procesos democráticos.

La historia tomó un giro ético cuando quedó claro que los usuarios de Facebook no habían dado su consentimiento informado para que sus datos se utilizaran de esta manera. Esto planteó preguntas fundamentales sobre la privacidad de los datos y la responsabilidad de las empresas tecnológicas en la protección de esa privacidad.

Las repercusiones fueron significativas. Hubo investigaciones gubernamentales, audiencias en el Congreso, demandas legales y un debate público sobre cómo las empresas tecnológicas deben manejar los datos personales de los usuarios y cuál es su responsabilidad en la era de la información digital.

El caso Cambridge Analytica se convirtió en un punto de inflexión en la discusión sobre la ética y la seguridad de los datos en la era de la IA. Demostró la importancia de proteger la privacidad de los usuarios y cómo el acceso no autorizado y el mal uso de datos pueden tener consecuencias graves. También señaló la necesidad de regulaciones más estrictas para salvaguardar la democracia y la privacidad en el mundo digital en constante evolución.

Capítulo 5: Aprendizaje Automático y Redes Neuronales

Bienvenidos al Capítulo 5 de nuestro viaje a través del mundo de la inteligencia artificial. En este capítulo, exploraremos una de las piedras angulares de la IA: el aprendizaje automático y las redes neuronales. Aquí, desglosaremos estos conceptos complejos en comprensibles y emocionantes descubrimientos. Acompáñennos mientras sumergimos en el fascinante universo de las máquinas que aprenden y las redes que imitan el cerebro humano. ¡Prepárense para un viaje al corazón de la IA moderna!

Fundamentos del aprendizaje automático

Imagina un mundo donde las computadoras pueden hacer más que simplemente seguir instrucciones. Pueden aprender de la información que les das y tomar decisiones basadas en ese aprendizaje. Esto es lo que llamamos "aprendizaje automático" y es una de las áreas más emocionantes de la inteligencia artificial.

En el corazón del aprendizaje automático se encuentran los algoritmos. Estos algoritmos son como fórmulas matemáticas inteligentes que permiten a las computadoras analizar datos y encontrar patrones por sí mismas. ¿Recuerdas esos juegos en los que tenías que unir los puntos para revelar una imagen? Los algoritmos de aprendizaje automático hacen algo similar, pero en una escala mucho más grande y compleja.

Por ejemplo, si deseamos que una computadora pueda distinguir entre fotos de gatos y perros, le proporcionamos muchas imágenes etiquetadas correctamente. El algoritmo analiza estas imágenes y descubre patrones, como que los gatos a menudo tienen orejas puntiagudas y los perros tienen orejas caídas. Luego, la computadora puede aplicar este conocimiento a nuevas imágenes y decirte si es un gato o un perro, todo por sí misma.

Lo asombroso es que cuanto más datos le proporcionas a la computadora, mejor se vuelve en la tarea. Aprende y mejora constantemente su capacidad para tomar decisiones basadas en los datos.

El aprendizaje automático se utiliza en una variedad de aplicaciones emocionantes. Desde predecir el clima hasta recomendar películas en plataformas de transmisión, desde ayudar a los médicos a diagnosticar enfermedades hasta hacer que los autos se conduzcan solos. Esta tecnología está transformando nuestra forma de vivir y trabajar.

Redes neuronales y su aplicación en la IA

Imagina una red de amigos en la escuela. Todos se conectan entre sí, compartiendo información y tomando decisiones juntos. Ahora, piensa en esto, pero en lugar de amigos, son pequeñas unidades de procesamiento llamadas "neuronas", y en lugar de una escuela, es una computadora. Esto es lo que llamamos una "red neuronal".

Las redes neuronales son como modelos simplificados del cerebro humano. Están diseñadas para aprender y resolver problemas complejos. Estas "neuronas" son como cajas que toman información y hacen cálculos. Pero lo especial es cómo están conectadas. Cada neurona puede comunicarse con muchas otras, y esta interconexión es clave para su poder.

Cuando entrenamos una red neuronal, le proporcionamos datos y respuestas conocidas, como enseñarle a un niño a reconocer gatos y perros. La red ajusta sus conexiones, como si fortaleciera o debilitara las amistades entre sus "neuronas", para hacer mejores predicciones. Cuanto más datos le damos, mejor se vuelve en la tarea.

Las redes neuronales se utilizan en una amplia gama de aplicaciones de inteligencia artificial. Por ejemplo, en reconocimiento de voz, pueden convertir tus palabras en texto.

En visión por computadora, pueden identificar objetos en imágenes. En medicina, ayudan a diagnosticar enfermedades a partir de imágenes médicas. Y en juegos, pueden aprender a jugar como campeones.

Avances en algoritmos de aprendizaje automático

Exploremos algunos avances en los algoritmos de aprendizaje automático junto con ejemplos y fechas clave:

1. Redes Neuronales Convolucionales (CNNs) - 2012:

En 2012, las CNNs causaron un gran impacto en el reconocimiento de imágenes. Por ejemplo, el algoritmo AlexNet ganó la competencia ImageNet, demostrando que las máquinas podían superar a los humanos en tareas de clasificación de imágenes.

2. Aprendizaje Profundo - 2015:

En 2015, el algoritmo ResNet (Redes Residuales) revolucionó el aprendizaje profundo. Permitió entrenar redes mucho más profundas sin perder precisión. Esto llevó a avances significativos en el reconocimiento de objetos y la visión por computadora.

3. Procesamiento de Lenguaje Natural (NLP) - 2018:

En 2018, el modelo BERT (Transformador Bidireccional Codificador Representaciones de Transformadores) se convirtió en un hito en el procesamiento de lenguaje natural. Este algoritmo mejoró drásticamente la comprensión del contexto en el procesamiento de texto y fue fundamental para aplicaciones como la traducción automática y la generación de texto.

4. Aprendizaje por Refuerzo - 2019:

En 2019, el algoritmo AlphaStar desarrollado por DeepMind demostró un gran avance en el aprendizaje por refuerzo. AlphaStar pudo vencer a los mejores jugadores humanos en el juego de estrategia StarCraft II, mostrando la capacidad de la IA para tomar decisiones complejas en tiempo real.

5. GPT-3 - 2020:

En 2020, GPT-3 (Generative Pre-trained Transformer 3) de OpenAI se destacó. Este modelo de lenguaje basado en transformadores mostró la capacidad de generar texto muy coherente y casi humano. Fue utilizado en una variedad de aplicaciones, desde redacción de contenido hasta asistentes virtuales.

Estos son solo algunos ejemplos de avances en algoritmos de aprendizaje automático en los últimos años. Cada uno de ellos ha impulsado la capacidad de las máquinas para comprender y procesar información de maneras cada vez más sofisticadas, y han abierto nuevas oportunidades en campos como la visión por computadora, el procesamiento de lenguaje natural y la toma de decisiones autónomas.

Capítulo 6: La IA en la Vida Diaria

¡Bienvenidos al Capítulo 6 de nuestro viaje por el emocionante mundo de la inteligencia artificial! En este capítulo, exploraremos cómo la IA se ha convertido en una parte integral de nuestra vida cotidiana, desde las recomendaciones en línea hasta la asistencia virtual y más allá. Acompáñenos mientras desentrañamos cómo la IA se entrelaza con nuestra rutina diaria, haciendo que nuestras vidas sean más convenientes y eficientes. La inteligencia artificial está transformando la forma en que vivimos, y aquí descubrirás cómo lo hace. ¡Prepárate para un recorrido por la IA en la vida diaria!

Asistentes virtuales y dispositivos inteligentes

Imagina un día agitado en el que te despiertas temprano para ir al trabajo. Mientras te preparas, tu asistente virtual, llamado "AIA" (Asistente de Inteligencia Artificial), te brinda información sobre el clima y las noticias relevantes. Sin siquiera preguntar, AIA sabe cuál es tu ruta diaria y te avisa sobre el tráfico.

Al salir de casa, puedes ajustar la temperatura y las luces utilizando comandos de voz. AIA también se asegura de que todas las puertas estén cerradas y las alarmas activadas.

En el trabajo, AIA te ayuda a organizar tu agenda, recordándote tus reuniones y tareas pendientes. Utiliza el aprendizaje automático para predecir cuáles son las tareas más importantes para el día y te ofrece sugerencias para optimizar tu productividad.

Mientras tanto, en casa, AIA supervisa tus electrodomésticos. Si detecta que dejaste la cafetera encendida o que la lavadora ha terminado, te avisa y te permite apagarlos o programarlos remotamente a través de una aplicación en tu teléfono.

Al volver a casa, AIA ya ha ajustado la temperatura a tu preferencia y ha encendido las luces en función de tu rutina. Puedes pedirle que reproduzca tu música favorita o que te cuente un cuento a tus hijos antes de dormir.

Todo esto es posible gracias a la sinergia entre asistentes virtuales como AIA y dispositivos inteligentes en tu hogar y lugar de trabajo. Estos dispositivos, desde termostatos hasta altavoces inteligentes y electrodomésticos conectados, se comunican entre sí y con tu asistente virtual para hacer tu vida más cómoda y eficiente.

La inteligencia artificial y la automatización han transformado la forma en que interactuamos con nuestro entorno y simplifican nuestras tareas diarias. Los asistentes virtuales y dispositivos inteligentes han pasado de ser una novedad a convertirse en compañeros esenciales en nuestras vidas.

Es cierto que la creciente integración de asistentes virtuales y dispositivos inteligentes en nuestras vidas plantea preguntas importantes sobre la privacidad. A medida que estos sistemas recopilan información sobre nuestras preferencias, hábitos y rutinas, existe el potencial de que esta información sea mal utilizada o que nuestra privacidad sea violada.

Por ejemplo, si un asistente virtual sabe todo sobre tu rutina diaria y tus actividades, alguien con intenciones maliciosas podría acceder a esa información y conocer detalles muy personales de tu vida. Además, la recopilación constante de datos puede plantear preocupaciones sobre el seguimiento y la vigilancia, especialmente si no se gestionan adecuadamente.

Es fundamental que las empresas y los usuarios sean conscientes de estas preocupaciones y tomen medidas para proteger la privacidad. Esto incluye el uso de cifrado robusto, políticas de privacidad claras y la capacidad de controlar qué datos se comparten y cuándo.

La privacidad y la seguridad de los datos son consideraciones críticas en la era de la inteligencia artificial y la automatización. Si bien estos avances pueden hacer nuestras vidas más cómodas y eficientes, también es esencial mantener un equilibrio entre la conveniencia y la protección de nuestra información personal.

Para abordar las preocupaciones sobre la privacidad en un mundo donde asistentes virtuales y dispositivos inteligentes desempeñan un papel central en nuestras vidas, es fundamental considerar diversas vías y hacer preguntas cruciales:

1. Educación y Conciencia: La educación es clave. Los usuarios deben comprender cómo funcionan estos sistemas, qué datos recopilan y cómo se utilizan. Preguntas que debemos hacernos incluyen: ¿Cómo funciona mi asistente virtual? ¿Qué datos recopila y por qué?

2. Políticas de Privacidad Transparentes: Las empresas que desarrollan estos dispositivos deben proporcionar políticas de privacidad claras y accesibles. Los usuarios deben preguntarse: ¿Qué dice la política de privacidad de mi asistente virtual? ¿Qué

datos se comparten con terceros?

3. Control de Datos: Los usuarios deben tener control sobre sus datos. Esto incluye la capacidad de revisar, modificar o eliminar la información que se recopila. Preguntas importantes incluyen: ¿Puedo acceder y controlar mis datos personales? ¿Cómo puedo gestionar la información que comparto?

4. Cifrado y Seguridad: La seguridad de los datos es fundamental. Los dispositivos deben utilizar cifrado robusto para proteger la información personal. Las preguntas que debemos hacernos son: ¿Cómo se protegen mis datos de accesos no autorizados? ¿Se utilizan estándares de cifrado sólidos?

5. Consentimiento Informado: Los usuarios deben dar su consentimiento informado para la recopilación y el uso de sus datos. Preguntas importantes son: ¿Me han pedido permiso para recopilar mis datos? ¿Comprendo completamente cómo se utilizarán mis datos?

6. Auditoría y Transparencia: Las empresas deben ser transparentes sobre cómo utilizan los datos y permitir auditorías independientes. Los usuarios deben cuestionar: ¿Puedo ver un registro de cómo se han utilizado mis datos? ¿La empresa permite auditorías externas?

7. Regulación y Normativas: Los gobiernos pueden establecer regulaciones y normativas para proteger la privacidad de los usuarios. Preguntas clave incluyen: ¿Qué leyes y regulaciones se aplican a la privacidad de los datos en mi país? ¿Se están aplicando adecuadamente?

En última instancia, el equilibrio entre la comodidad proporcionada por la inteligencia artificial y la protección de la privacidad depende de la colaboración entre usuarios, empresas y reguladores. Hacer las preguntas adecuadas y abogar por prácticas transparentes y seguras es esencial para garantizar que la tecnología mejore nuestras vidas sin comprometer nuestra privacidad.

Me gustaría aportar una perspectiva reflexiva sobre el equilibrio delicado entre la conveniencia impulsada por la inteligencia artificial y la protección de la privacidad.

En la era de la información y la automatización, nos encontramos en un punto crítico en el que la tecnología tiene el potencial tanto para enriquecer como para erosionar nuestra calidad de vida y la ética que sustenta nuestra sociedad.

Por un lado, la inteligencia artificial y los dispositivos inteligentes ofrecen un increíble abanico de beneficios. Facilitan nuestras vidas, ahorran tiempo y recursos, y nos permiten abordar problemas complejos de manera eficiente. Sin embargo, este mundo impulsado por la automatización también presenta riesgos significativos para la ética y la privacidad.

La cuestión ética fundamental radica en el equilibrio entre la conveniencia y la privacidad. ¿Hasta qué punto estamos dispuestos a sacrificar nuestra privacidad para obtener la comodidad que nos brindan los dispositivos inteligentes y los asistentes virtuales? Esta es una pregunta que cada individuo debe responder personalmente, pero también es una cuestión que debe abordarse a nivel societal y regulatorio.

Desde una perspectiva ética, es imperativo que las empresas y los desarrolladores de tecnología apliquen principios como el consentimiento informado, la transparencia y la seguridad de datos. Deben comprender que la privacidad es un derecho humano fundamental y que la recopilación y el uso de datos deben ser justificados y gestionados de manera ética.

Además, los individuos también tienen un papel importante que desempeñar en la protección de su propia privacidad. Esto implica comprender cómo funcionan los dispositivos y asistentes virtuales, tomar decisiones informadas sobre el uso de la tecnología y abogar por prácticas éticas por parte de las empresas.

En última instancia, el equilibrio entre la comodidad y la privacidad en un mundo impulsado por la inteligencia artificial es una cuestión que trasciende la tecnología y se convierte en un desafío ético fundamental de nuestra era. Como sociedad, debemos reflexionar cuidadosamente sobre cómo queremos que esta balanza se incline y tomar decisiones informadas que reflejen nuestros valores y respeten nuestros derechos individuales.

IA en la educación

En el siglo XXI, la educación se encuentra en medio de una profunda transformación gracias al avance de la inteligencia artificial (IA). Esta revolución está redefiniendo cómo los estudiantes aprenden, los métodos de enseñanza de los docentes y la accesibilidad a la educación en todo el mundo. A lo largo de este capítulo, exploraremos cómo la IA está desempeñando un papel central en la educación, presentando sus beneficios, desafíos y el impacto que tiene en la forma en que concebimos la enseñanza y el aprendizaje.

La IA como Aliado Educativo

La IA ha demostrado ser una herramienta valiosa en el entorno educativo. Los sistemas de tutoría inteligente, por ejemplo, pueden adaptar los materiales y el ritmo de aprendizaje de manera individualizada para cada estudiante. Estos sistemas pueden detectar áreas de fortaleza y debilidad, proporcionando retroalimentación personalizada y fomentando un aprendizaje más eficiente.

Además, la IA ha facilitado el acceso a la educación en todo el mundo. Plataformas de aprendizaje en línea y aplicaciones educativas impulsadas por IA han democratizado la educación, permitiendo que estudiantes de diferentes rincones del planeta accedan a recursos de calidad y oportunidades de aprendizaje.

Desafíos Éticos y Pedagógicos

A pesar de sus beneficios, la integración de la IA en la educación plantea desafíos éticos y pedagógicos. Uno de los principales desafíos radica en la privacidad de los datos de los estudiantes. La recopilación y el análisis de información personal para personalizar la enseñanza plantea preocupaciones sobre la seguridad de los datos y la ética en la educación.

Otro desafío es mantener un equilibrio entre la interacción humana y la automatización. Aunque la IA puede ser un aliado valioso, no debe reemplazar por completo la relación entre docentes y estudiantes, que es esencial para el desarrollo integral.

El Futuro de la Educación con IA

A medida que avanzamos en el siglo XXI, la IA seguirá desempeñando un papel crucial en la educación. Se espera que las tecnologías de IA evolucionen para ofrecer experiencias de aprendizaje aún más personalizadas y efectivas. Sin embargo, la forma en que integramos la IA en la educación dependerá de nuestras decisiones éticas y pedagógicas.

Este capítulo nos llevará a explorar las oportunidades y desafíos que presenta la IA en la educación, y nos invitará a reflexionar sobre cómo podemos aprovechar esta tecnología para enriquecer el aprendizaje de las generaciones futuras mientras preservamos los valores fundamentales de la educación.

a inteligencia artificial (IA) se encuentra en la vanguardia de la transformación educativa, y su influencia se extiende en múltiples direcciones, ofreciendo tanto beneficios como desafíos.

Beneficios de la IA en la Educación

Aprendizaje Personalizado: La IA permite la adaptación del contenido de aprendizaje a las necesidades individuales de cada estudiante. Los sistemas de tutoría inteligente evalúan el progreso de los estudiantes en tiempo real y ofrecen ejercicios y material de estudio personalizado para abordar sus debilidades y potenciar sus fortalezas.

Accesibilidad Global: La educación impulsada por la IA es globalmente accesible. Plataformas en línea con funciones de traducción y accesibilidad están derribando barreras lingüísticas y físicas, permitiendo que estudiantes de todo el mundo accedan a una educación de calidad.

Eficiencia Docente: Los docentes pueden utilizar la IA como asistente en la evaluación de tareas y en la gestión de clases. Esto les brinda más tiempo para enfocarse en la interacción individual con los estudiantes, fomentando un aprendizaje más enriquecedor.

Desafíos Éticos y Pedagógicos

Privacidad de los Estudiantes: La recopilación de datos en el entorno educativo plantea cuestiones éticas sobre la privacidad. La protección de la información personal de los estudiantes es fundamental y debe ser gestionada con responsabilidad.

Interacción Humana: Aunque la IA puede ser una herramienta valiosa, no debe reemplazar por completo la interacción humana en el aula. La empatía y la relación entre docentes y estudiantes son esenciales para el desarrollo integral.

Desigualdad Digital: A pesar de la accesibilidad global, existen desafíos en cuanto a la brecha digital. No todos los estudiantes tienen igualdad de acceso a la tecnología y la conectividad, lo que puede ampliar las disparidades educativas.

El Futuro de la Educación con IA

El futuro de la educación con IA es prometedor pero desafiante. La IA continuará evolucionando para brindar experiencias de aprendizaje aún más personalizadas y efectivas. Sin embargo, el éxito de esta transformación dependerá de cómo abordemos los desafíos éticos y pedagógicos.

En el cruce entre la inteligencia artificial y la educación, encontramos una encrucijada de posibilidades y responsabilidades éticas. La promesa de una educación personalizada y accesible para todos es fascinante, pero no podemos dejar de considerar las implicaciones de la privacidad y la igualdad. En este camino, debemos recordar que la educación no es solo acumulación de conocimiento, sino también la formación de ciudadanos responsables y seres humanos éticos. La inteligencia artificial puede ser una valiosa aliada en este viaje, siempre que no olvidemos que su verdadero propósito es empoderar a las personas y no reemplazar la riqueza de las relaciones humanas que dan forma a nuestra humanidad. Nos corresponde tomar decisiones informadas y éticas que guíen este viaje, asegurándonos de que la IA sea una fuerza que eleve la educación y enriquezca nuestras vidas, sin comprometer los valores fundamentales que nos hacen seres humanos.

Automatización en el hogar y la vida cotidiana

El futuro de la automatización en el hogar y la vida cotidiana se presenta como una promesa de comodidad y eficiencia. Imagina un mundo donde tu casa "entiende" tus necesidades: las luces se ajustan automáticamente según la hora del día, la temperatura se adapta a tus preferencias, y los electrodomésticos son controlados con un simple comando de voz. La IA anticipa tus necesidades, desde la gestión de la energía hasta la planificación de la compra de comestibles. A medida que avanzamos hacia este futuro, debemos considerar cuidadosamente las implicaciones de la privacidad y la seguridad, pero la visión de un hogar más inteligente y sencillo es emocionante, prometiendo mejorar nuestra calidad de vida y liberarnos para centrarnos en lo que realmente importa.

Capítulo 7: IA en la Medicina y la Salud

En el intrincado tejido de la inteligencia artificial y la medicina, nos encontramos ante un dilema ético fundamental. La capacidad de la IA para acelerar el diagnóstico, personalizar tratamientos y mejorar la eficiencia en la atención médica es innegable, pero nos enfrentamos a la cuestión ética de hasta qué punto debemos permitir que la tecnología tome decisiones en la atención a la salud. El equilibrio entre la promesa de la IA en la medicina y la preservación de la autonomía, la privacidad y la confidencialidad de los pacientes es un desafío ético de proporciones monumentales. Este capítulo nos llevará a explorar cómo la IA está transformando la medicina y nos invitará a reflexionar sobre cómo podemos abrazar sus avances sin perder de vista nuestros valores morales y éticos fundamentales en la atención médica.

Diagnóstico médico asistido por IA

El diagnóstico médico asistido por inteligencia artificial se alza como uno de los hitos más prometedores y éticamente desafiantes en la intersección entre la tecnología y la medicina. A lo largo de su evolución, esta disciplina ha experimentado una transformación profunda, pasando de ser un concepto futurista a una realidad presente. Su historia, aunque relativamente breve en términos cronológicos, está marcada por avances significativos que han llevado a la creación de sistemas capaces de analizar grandes volúmenes de datos clínicos con una precisión y rapidez sin precedentes.

El diagnóstico médico asistido por IA tiene sus raíces en la década de 1960, cuando se desarrollaron los primeros programas de software diseñados para ayudar en la interpretación de imágenes médicas. Sin embargo, su evolución se aceleró con la disponibilidad de grandes conjuntos de datos médicos digitalizados y el desarrollo de algoritmos de aprendizaje automático en las últimas dos décadas. Esto permitió que la IA avanzara desde la mera detección de patrones en imágenes radiológicas hasta la generación de diagnósticos precisos y recomendaciones de tratamiento.

El impacto de esta tecnología es innegable. Ha mejorado la velocidad y la precisión de los diagnósticos en una variedad de campos médicos, desde la radiología hasta la patología. Sin embargo, a medida que avanzamos hacia un futuro en el que la IA pueda desempeñar un papel aún más central en la atención médica, también surgen preocupaciones éticas. ¿Hasta qué punto debemos depender de la tecnología para tomar decisiones de vida o muerte? ¿Cómo garantizamos la transparencia y la rendición de cuentas en los algoritmos de IA utilizados en la atención médica?

Explorar el diagnóstico médico asistido por IA es adentrarse en un terreno donde la innovación y la ética convergen de manera crítica. La historia de esta disciplina nos muestra un camino de avances tecnológicos extraordinarios, pero también nos plantea un reto ético ineludible: equilibrar la promesa de la IA en la medicina con la responsabilidad de proteger la autonomía y la salud de los pacientes. En este viaje, debemos mantenernos vigilantes y reflexivos, recordando que, en última instancia, la IA es una herramienta que debe servir a la causa fundamental de la medicina: el bienestar humano.

De hecho, la aplicación actual de la inteligencia artificial en el diagnóstico médico es una realidad que está transformando la atención sanitaria en todo el mundo. Hoy en día, los sistemas de IA se utilizan de manera efectiva en diversos campos de la medicina para acelerar y mejorar el proceso de diagnóstico.

En la radiología, por ejemplo, los algoritmos de IA pueden analizar imágenes médicas, como radiografías, tomografías computarizadas (TC) y resonancias magnéticas (RM), para identificar y resaltar anomalías con una precisión sorprendente. Esto no solo acelera el proceso de revisión de imágenes, sino que también ayuda a los radiólogos a detectar problemas que pueden pasar desapercibidos en un primer vistazo.

En la patología, la IA se utiliza para el análisis de muestras de tejido y células. Los algoritmos de IA pueden ayudar a identificar características microscópicas y patrones en tejidos que podrían ser indicativos de enfermedades como el cáncer. Esto no solo agiliza el proceso de diagnóstico, sino que también puede mejorar la precisión.

En la medicina genómica, la IA se utiliza para analizar grandes conjuntos de datos genéticos y encontrar correlaciones entre variantes genéticas y enfermedades. Esto es especialmente relevante en la medicina personalizada, donde se buscan tratamientos específicos basados en la genética individual de un paciente.

La IA también se está aplicando en la detección temprana de enfermedades, como el glaucoma o la diabetes, mediante análisis de imágenes o pruebas de detección. Además, se utiliza en la predicción de enfermedades, como la sepsis, analizando datos clínicos para identificar a los pacientes en riesgo.

Si bien la IA ha demostrado ser una herramienta valiosa en el diagnóstico médico, también plantea desafíos éticos y técnicos que deben abordarse cuidadosamente. La transparencia, la privacidad de los datos y la validación de los algoritmos son aspectos críticos que deben considerarse en la implementación de esta tecnología.

Los dilemas éticos en la aplicación de la inteligencia artificial en el diagnóstico médico son profundos y complejos. Uno de los dilemas más apremiantes es el equilibrio entre la precisión y la autonomía médica. A medida que la IA demuestra una capacidad excepcional para detectar patrones y diagnosticar enfermedades, surge la pregunta sobre en qué medida los médicos deben confiar en las recomendaciones de la IA. ¿Deben seguir ciegamente las sugerencias de la máquina o deben ejercer su juicio clínico? Este dilema plantea preocupaciones sobre la responsabilidad y la rendición de cuentas en la toma de decisiones médicas.

Otro dilema ético se refiere a la privacidad de los pacientes y la gestión de datos de salud. La recopilación y el análisis de datos médicos para alimentar algoritmos de IA son fundamentales, pero también plantean cuestiones de privacidad. ¿Cómo se garantiza que los datos de los pacientes se utilicen de manera ética y que estén protegidos contra accesos no autorizados?

En cuanto a errores notorios, un ejemplo que ha generado controversia es el caso de un algoritmo de IA utilizado para predecir el riesgo de reingreso hospitalario. Este algoritmo resultó ser más propenso a predecir la readmisión de pacientes blancos en comparación con pacientes afroamericanos, lo que planteó preocupaciones sobre sesgos y equidad en la atención médica. Este tipo de situaciones subraya la importancia de la equidad y la transparencia en el desarrollo de algoritmos de IA médica.

Estos dilemas éticos y desafíos técnicos no deben disuadirnos de aprovechar el potencial de la IA en la medicina, sino más bien motivarnos a abordarlos de manera responsable y ética para garantizar que esta tecnología beneficie a la salud y el bienestar de todos los pacientes.

Los dilemas éticos en la aplicación de la inteligencia artificial en el diagnóstico médico son profundos y complejos. Uno de los dilemas más apremiantes es el equilibrio entre la precisión y la autonomía médica. A medida que la IA demuestra una capacidad excepcional para detectar patrones y diagnosticar enfermedades, surge la pregunta sobre en qué medida los médicos deben confiar en las recomendaciones de la IA. ¿Deben seguir ciegamente las sugerencias de la máquina o deben ejercer su juicio clínico? Este dilema plantea preocupaciones sobre la responsabilidad y la rendición de cuentas en la toma de decisiones médicas.

Otro dilema ético se refiere a la privacidad de los pacientes y la gestión de datos de salud. La recopilación y el análisis de datos médicos para alimentar algoritmos de IA son fundamentales, pero también plantean cuestiones de privacidad. ¿Cómo se garantiza que los datos de los pacientes se utilicen de manera ética y que estén protegidos contra accesos no autorizados?

En cuanto a errores notorios, un ejemplo que ha generado controversia es el caso de un algoritmo de IA utilizado para predecir el riesgo de reingreso hospitalario. Este algoritmo resultó ser más propenso a predecir la readmisión de pacientes blancos en comparación con pacientes afroamericanos, lo que planteó preocupaciones sobre sesgos y equidad en la atención médica. Este tipo de situaciones subraya la importancia de la equidad y la transparencia en el desarrollo de algoritmos de IA médica.

En última instancia, estos dilemas éticos y desafíos técnicos no deben disuadirnos de aprovechar el potencial de la IA en la medicina, sino más bien motivarnos a abordarlos de manera responsable y ética para garantizar que esta tecnología beneficie a la salud y el bienestar de todos los pacientes.

Descubrimiento de medicamentos y terapias

El descubrimiento de medicamentos y terapias a través de la inteligencia artificial es una realidad en constante evolución que promete revolucionar el campo de la investigación farmacéutica. Aunque la aplicación de la IA en este ámbito todavía está en sus primeras etapas, ya se han logrado avances notables.

Un ejemplo relevante es el descubrimiento de nuevos compuestos químicos con potencial terapéutico. Mediante el uso de algoritmos de aprendizaje automático y simulaciones computacionales, los científicos pueden analizar millones de moléculas en busca de aquellas que puedan ser efectivas contra enfermedades específicas. Estos métodos aceleran el proceso de cribado de fármacos y permiten identificar candidatos prometedores de manera más rápida y eficiente que los enfoques tradicionales.

Además, la IA se ha utilizado para analizar grandes conjuntos de datos clínicos y genómicos con el objetivo de identificar biomarcadores relevantes para el diagnóstico y tratamiento de enfermedades. Estos biomarcadores pueden desempeñar un papel crucial en la medicina personalizada, donde se adaptan los tratamientos según las características genéticas individuales de los pacientes.

Un caso notorio de éxito en este campo es el uso de la IA para identificar compuestos que podrían ser eficaces en la lucha contra enfermedades como el COVID-19. Durante la pandemia, la inteligencia artificial se convirtió en una herramienta valiosa para acelerar la búsqueda de posibles tratamientos y vacunas.

A pesar de estos avances prometedores, el descubrimiento de medicamentos y terapias a través de la IA también enfrenta desafíos significativos, como la necesidad de validar y garantizar la seguridad de los compuestos identificados por algoritmos. Sin embargo, a medida que la tecnología continúa mejorando y los científicos exploran nuevas formas de colaboración entre humanos y máquinas, el potencial de la inteligencia artificial para impulsar la innovación en el campo de la medicina y la farmacología es innegable.

IA en la atención a pacientes y telemedicina

La inteligencia artificial (IA) está desempeñando un papel cada vez más relevante en la atención a pacientes y la telemedicina, transformando la forma en que se brindan los servicios de atención médica. En la atención a pacientes, los sistemas de IA se utilizan para una amplia gama de aplicaciones, desde el monitoreo de signos vitales hasta la personalización de planes de tratamiento.

Uno de los avances más notorios es el uso de dispositivos portátiles y sensores que pueden recopilar datos de salud en tiempo real, como la frecuencia cardíaca, la presión arterial y la actividad física. Estos datos se pueden enviar a plataformas de IA que analizan patrones y alertan a los pacientes o profesionales de la salud sobre posibles problemas de salud, permitiendo una intervención temprana.

En la telemedicina, la IA se utiliza para mejorar la precisión y eficiencia de las consultas médicas a distancia. Los chatbots y asistentes virtuales pueden ayudar a los pacientes a programar citas, responder preguntas médicas comunes y proporcionar información sobre síntomas. Además, la IA facilita la interpretación de imágenes médicas, como radiografías y ecografías, lo que permite a los médicos realizar diagnósticos más precisos en línea.

En situaciones de crisis, como la pandemia de COVID-19, la telemedicina respaldada por la IA se convirtió en un recurso invaluable al permitir consultas médicas seguras y accesibles sin necesidad de desplazamiento físico. Esto ha llevado a un aumento significativo en la adopción de la telemedicina en todo el mundo.

Sin embargo, este avance también plantea desafíos éticos y técnicos. La privacidad de los datos de salud es una preocupación fundamental, y es esencial garantizar que los sistemas de IA cumplan con los estándares de seguridad y regulación. Además, la telemedicina plantea preguntas sobre la calidad de la atención y la relación médico-paciente en un entorno virtual.

En la atención a pacientes y la telemedicina promete mejorar la accesibilidad y eficiencia de la atención médica, pero también requiere una gestión cuidadosa para garantizar que los pacientes reciban atención de alta calidad y que se aborden las preocupaciones éticas y de privacidad.

Capítulo 8: El Futuro de la IA y las Tendencias Emergentes

El viaje a través del mundo de la inteligencia artificial nos ha llevado a explorar sus fundamentos, aplicaciones y desafíos éticos en diversas esferas de la vida humana. Pero, como cualquier exploración, no tiene un punto final; más bien, nos lanza hacia el futuro con un sentido de asombro y anticipación. En este capítulo, nos sumergiremos en el horizonte de posibilidades que se avecina en el campo de la inteligencia artificial. Examinaremos las tendencias emergentes y las tecnologías innovadoras que están dando forma al futuro de la IA, y reflexionaremos sobre las implicaciones éticas y sociales que estas transformaciones pueden traer consigo. Prepárese para un viaje hacia lo desconocido, donde la ciencia, la imaginación y la ética convergen una vez más para definir el camino que nos espera en la era de la inteligencia artificial.

La IA cuántica y sus promesas

La IA cuántica es una de las tendencias más emocionantes y prometedoras en el mundo de la inteligencia artificial. Al combinar los principios de la física cuántica con la potencia de los algoritmos de IA, esta disciplina está destinada a revolucionar la computación y resolver problemas que anteriormente eran intratables para las computadoras clásicas. En este capítulo, exploraremos la IA cuántica y sus promesas, sumergiéndonos en un reino donde las computadoras pueden procesar y analizar datos a velocidades inimaginables. Discutiremos cómo la IA cuántica está siendo utilizada para abordar problemas complejos, desde la simulación de moléculas para el desarrollo de medicamentos hasta la optimización de rutas en logística. Sin embargo, también reflexionaremos sobre los desafíos que plantea esta tecnología, desde la necesidad de hardware cuántico altamente sofisticado hasta las cuestiones éticas que surgen cuando se manejan datos sensibles de manera más eficiente que nunca. A medida que exploramos la IA cuántica, nos embarcamos en un emocionante viaje hacia el futuro de la inteligencia artificial, donde la computación cuántica abre nuevas posibilidades y plantea nuevas preguntas sobre los límites de la tecnología y la ética.

La potencia de procesamiento exponencial que ofrece la IA cuántica es verdaderamente asombrosa y, desde una perspectiva filosófica, nos lleva a cuestionar los límites de lo que podemos conocer y hacer en el mundo digital. Al aprovechar las propiedades fundamentales de la mecánica cuántica, como la superposición y el entrelazamiento, esta tecnología nos permite realizar cálculos y análisis a una velocidad que desafía nuestra comprensión tradicional del tiempo y el espacio en la informática.

Desde un punto de vista científico, esta aceleración cuántica significa que podemos abordar problemas previamente inabordables, como la simulación de sistemas moleculares extremadamente complejos con aplicaciones en la industria farmacéutica. Pero, desde una perspectiva más profunda, también plantea preguntas sobre cómo la inteligencia artificial cuántica cambia nuestra relación con la información y la realidad misma.

¿Qué significa vivir en un mundo donde las respuestas a problemas científicos y tecnológicos complejos pueden generarse en un abrir y cerrar de ojos? ¿Cómo afectará esto a la forma en que tomamos decisiones, resolvemos problemas y comprendemos el mundo que nos rodea? Estas cuestiones filosóficas nos llevan a reflexionar sobre la naturaleza misma de la inteligencia y la creatividad humanas, y si la IA cuántica puede superar las limitaciones inherentes a nuestra existencia finita.

A medida que exploramos las posibilidades de la IA cuántica, debemos recordar que, aunque esta tecnología es poderosa, también plantea desafíos éticos y sociales cruciales. La velocidad y eficiencia de la computación cuántica pueden abrir nuevas puertas a la resolución de problemas, pero también pueden plantear preguntas sobre la responsabilidad, la seguridad y la privacidad en un mundo donde la información fluye a una velocidad que antes solo podíamos imaginar en los confines de la ciencia ficción.

La capacidad de la IA cuántica para abordar problemas intratables nos plantea cuestiones profundas tanto desde una perspectiva científica como filosófica. Estos problemas, que van desde la simulación de moléculas en la búsqueda de nuevos medicamentos hasta la optimización de carteras de inversión y la criptografía avanzada, han sido históricamente un desafío insuperable para las computadoras convencionales debido a su complejidad computacional.

Desde el punto de vista científico, la IA cuántica abre la puerta a un nuevo paradigma en la resolución de problemas. Al aprovechar la superposición y el entrelazamiento cuántico, esta tecnología puede analizar múltiples soluciones potenciales simultáneamente, lo que permite abordar problemas que antes eran considerados inabordables en un tiempo razonable. Esto tiene implicaciones significativas en campos que van desde la investigación médica hasta las finanzas y la seguridad de la información.

Sin embargo, desde una perspectiva filosófica, este avance nos lleva a reflexionar sobre la naturaleza misma de la resolución de problemas y la creatividad humana. ¿Qué significa para nuestra identidad y nuestra agencia cuando las máquinas pueden abordar desafíos que antes requerían la intervención humana? ¿Cómo cambia nuestra relación con el conocimiento y la innovación cuando la IA cuántica puede explorar vastos espacios de soluciones en un abrir y cerrar de ojos?

Además, la resolución de problemas intratables mediante la IA cuántica plantea cuestiones éticas y sociales importantes. A medida que esta tecnología se convierte en una herramienta común en diversas industrias, debemos abordar preguntas sobre la responsabilidad, la equidad y la seguridad. ¿Cómo garantizamos que se utilice de manera ética y no se convierta en una herramienta de concentración de poder? ¿Cómo protegemos la privacidad y la seguridad de la información en un mundo donde los problemas de criptografía pueden resolverse rápidamente?

La ética y la privacidad en el contexto de la IA cuántica son dos áreas de reflexión fundamentales que nos llevan a considerar no solo cómo aprovechar esta tecnología de manera efectiva, sino también cómo hacerlo de manera justa y responsable.

Desde una perspectiva ética, la capacidad de la IA cuántica para analizar y procesar grandes cantidades de datos nos obliga a plantearnos preguntas importantes. ¿Qué responsabilidades tenemos al utilizar esta tecnología? ¿Cómo garantizamos que la IA cuántica se utilice para el bien común y no para fines perjudiciales o discriminatorios? ¿Cómo equilibramos la eficiencia de esta tecnología con consideraciones éticas, como la equidad y la justicia?

La privacidad, por su parte, se convierte en una preocupación central a medida que la IA cuántica avanza. La habilidad de esta tecnología para procesar datos a velocidades sorprendentes plantea la cuestión de cómo proteger la información personal y sensible. ¿Cómo aseguramos que los datos de las personas estén protegidos en un entorno donde la IA cuántica puede superar las técnicas de seguridad convencionales? ¿Cómo se manejará la privacidad en un mundo donde la recopilación y el análisis de datos pueden realizarse a gran escala y en tiempo real?

La ética y la privacidad en la IA cuántica requieren un enfoque equilibrado y deliberado. Debemos considerar cómo diseñar marcos éticos sólidos que guíen la investigación y la implementación de esta tecnología. Al mismo tiempo, debemos desarrollar políticas y regulaciones que protejan la privacidad de las personas y que eviten el uso indebido de la IA cuántica. Este equilibrio entre la innovación tecnológica y la responsabilidad ética es esencial para garantizar que la IA cuántica beneficie a la sociedad en su conjunto sin comprometer valores fundamentales de justicia y privacidad.

IA en la conducción autónoma

La IA en la conducción autónoma representa un avance tecnológico emocionante que tiene el potencial de transformar la movilidad y la industria automotriz. Esta tecnología se basa en la capacidad de las máquinas de aprender de su entorno y tomar decisiones en tiempo real, lo que lleva a vehículos capaces de operar sin intervención humana.

Desde un punto de vista tecnológico, la IA en la conducción autónoma implica la integración de sensores avanzados, como cámaras, radares y lidar, que permiten al vehículo "ver" su entorno y tomar decisiones basadas en esta información. Los algoritmos de aprendizaje automático permiten que el vehículo interprete y analice los datos de los sensores para tomar decisiones como acelerar, frenar, cambiar de carril y evitar obstáculos de manera segura.

Desde una perspectiva filosófica, la conducción autónoma plantea preguntas interesantes sobre la relación entre humanos y máquinas. ¿Qué significa confiar en una máquina para tomar decisiones de vida o muerte en situaciones de tráfico? ¿Cómo cambia nuestra percepción de la libertad y la autonomía cuando los vehículos se conducen a sí mismos? Estas cuestiones nos llevan a reflexionar sobre la evolución de la tecnología y su impacto en nuestra sociedad.

La seguridad es un tema central en la IA en la conducción autónoma, ya que se espera que esta tecnología reduzca significativamente los accidentes de tráfico causados por errores humanos. Sin embargo, también plantea dilemas éticos, como quién es responsable en caso de accidente y cómo se debe programar a la IA para tomar decisiones éticas en situaciones críticas.

La cuestión de la responsabilidad en los siniestros relacionados con la conducción autónoma es uno de los aspectos más complejos y debatidos en este campo. A medida que los vehículos autónomos se vuelven más comunes en las carreteras, surgen desafíos legales y éticos significativos que requieren una atención cuidadosa.

Desde una perspectiva legal, la responsabilidad en los accidentes automovilísticos generalmente recae en el conductor humano. Sin embargo, en el contexto de la conducción autónoma, la pregunta clave es si la responsabilidad debe desplazarse hacia el fabricante del vehículo o el desarrollador del sistema de IA que controla el automóvil. Esto plantea preguntas fundamentales: ¿Quién es el "conductor" legal en un vehículo autónomo? ¿Es el propietario del vehículo, el fabricante o el sistema de IA?

Para abordar estas cuestiones, algunos países han desarrollado marcos legales específicos para la conducción autónoma. Estos marcos a menudo definen responsabilidades claras y establecen estándares de seguridad para los fabricantes de vehículos autónomos. Sin embargo, aún queda mucho por hacer en términos de legislación y regulación uniformes a nivel global.

Desde una perspectiva ética, la asignación de responsabilidad en accidentes de vehículos autónomos plantea dilemas profundos. Por un lado, la tecnología de IA está diseñada para minimizar los errores humanos y mejorar la seguridad vial. Por otro lado, la posibilidad de que la IA cometa errores inesperados o que surjan situaciones éticas complicadas plantea preguntas sobre cómo deben programarse estos sistemas para tomar decisiones en situaciones críticas.

Por ejemplo, ¿debería un vehículo autónomo priorizar la seguridad de sus ocupantes sobre la de los peatones en caso de una colisión inminente? ¿Cómo deben sopesarse los valores éticos y las decisiones algorítmicas en tales situaciones? Estos dilemas éticos son un aspecto fundamental que debe abordarse en el desarrollo de la IA para la conducción autónoma.

La cuestión de la responsabilidad en siniestros relacionados con la conducción autónoma es un tema complejo que involucra a múltiples partes interesadas, desde fabricantes de automóviles hasta legisladores y filósofos de la ética. Requiere una cuidadosa consideración legal y ética para garantizar que la tecnología avance de manera segura y equitativa, y que las responsabilidades se asignen de manera justa en caso de accidentes.

La pregunta sobre la responsabilidad en un mundo donde las máquinas toman decisiones en situaciones críticas plantea un desafío ético fundamental. En un contexto de conducción autónoma, la responsabilidad ya no se limita únicamente a las acciones de un conductor humano, sino que se extiende a las decisiones programadas en algoritmos y sistemas de IA.

Desde una perspectiva ética, esto nos lleva a cuestionar cómo definimos la responsabilidad moral en un entorno donde las decisiones son tomadas por máquinas. Tradicionalmente, la responsabilidad se ha asociado con la capacidad de un agente humano para comprender las consecuencias de sus acciones y actuar de acuerdo con ciertos principios éticos. Sin embargo, las máquinas carecen de intención y conciencia, lo que complica la asignación de responsabilidad moral.

Una posible respuesta a esta pregunta ética es considerar la responsabilidad compartida. En lugar de atribuir toda la responsabilidad a un conductor humano o a la IA, podríamos ver la conducción autónoma como un sistema donde la responsabilidad se comparte entre múltiples partes, incluyendo al fabricante del vehículo, el desarrollador del software de IA y el propietario del automóvil. En este sentido, cada uno de estos actores puede tener una cierta responsabilidad moral en caso de un accidente o incidente.

Esta nueva dinámica de responsabilidad plantea la necesidad de desarrollar marcos éticos y legales que aborden de manera justa y efectiva las implicaciones morales de la conducción autónoma. También nos lleva a replantear nuestra comprensión tradicional de la moral y la ética en un mundo cada vez más dominado por la tecnología. En última instancia, la conducción autónoma nos desafía a reflexionar sobre la naturaleza cambiante de la responsabilidad y la moralidad en una sociedad cada vez más automatizada.

Sin duda, la conducción autónoma nos sumerge en un océano de preguntas éticas y morales. ¿Cómo equilibrar la innovación tecnológica con la seguridad y la responsabilidad moral? ¿Qué significado tiene la libertad en un mundo donde las máquinas toman decisiones en nuestro nombre? ¿Cómo definimos la responsabilidad en un sistema donde múltiples actores comparten la toma de decisiones? ¿Estamos preparados para abordar dilemas éticos complejos, como la elección entre la seguridad de los ocupantes y la de los peatones en caso de colisión? Y, finalmente, ¿cómo debemos adaptar nuestra comprensión de la moral y la ética en un futuro donde las máquinas comparten nuestro camino? Estas preguntas no solo son desafiantes, sino que también son esenciales para forjar un camino ético hacia el futuro de la conducción autónoma.

Ética y responsabilidad en la IA

La ética y la responsabilidad en la IA nos invitan a contemplar un horizonte de posibilidades y dilemas morales en constante evolución. En este viaje, nos enfrentamos a la urgente necesidad de definir no solo cómo diseñamos y regulamos la IA, sino también quiénes somos como sociedad en un mundo cada vez más entrelazado con la inteligencia artificial. La ética nos llama a proteger los valores humanos fundamentales, la equidad y la justicia en un escenario de creciente automatización, mientras que la responsabilidad nos insta a asumir el papel de guardianes de la tecnología que creamos. En última instancia, la IA nos desafía a mirar profundamente hacia dentro de nosotros mismos y preguntarnos quiénes queremos ser en esta nueva era de la inteligencia artificial.

Perspectivas futuras y desafíos pendientes

Mirando hacia el futuro, nos encontramos con un horizonte repleto de oportunidades y retos en el vasto mundo de la inteligencia artificial. ¿Cuál será el papel de la IA en la resolución de problemas globales, como el cambio climático o la atención médica accesible? ¿Cómo podemos garantizar que la IA se utilice de manera ética y equitativa en una sociedad cada vez más automatizada? ¿Qué implicaciones tiene la continua evolución de la IA en nuestra economía y en la fuerza laboral? ¿Podemos forjar un camino hacia la IA que preserve nuestra privacidad y seguridad, o nos encontraremos ante amenazas inesperadas? ¿Cómo podemos capacitar a las generaciones futuras para comprender y aprovechar esta tecnología de manera responsable? Estas preguntas nos acompañarán en el viaje hacia un futuro donde la IA seguirá siendo un actor central en la narrativa de la humanidad.

Epílogo

El viaje a través del mundo de la inteligencia artificial llega a su epílogo, pero la exploración y el descubrimiento continúan. En estas páginas, hemos navegado por los mares de la historia, las aplicaciones, los desafíos éticos y las perspectivas futuras de la IA. Hemos contemplado el potencial transformador de esta tecnología, así como las complejidades morales que plantea. A medida que cerramos este capítulo, recordemos que la IA es una herramienta poderosa que refleja nuestra creatividad y nuestras decisiones éticas. El camino para seguir está en nuestras manos, y la manera en que moldeemos la IA definirá no solo la próxima frontera tecnológica, sino también la forma en que vivimos y nos relacionamos como sociedad. Así que, con visión, responsabilidad y un sentido profundo de la humanidad, continuemos nuestro viaje hacia el futuro de la inteligencia artificial.

El Futuro de la Inteligencia Artificial

www.ingramcontent.com/pod-product-compliance
Lightning Source LLC
LaVergne TN
LVHW051711050326
832903LV00032B/4130

* 9 7 9 8 8 6 2 8 8 2 6 1 2 *